D1127912

La felicidad es ...

500 razones para ser feliz

Lisa Swerling & Ralph Lazar

PLAZA JANÉS

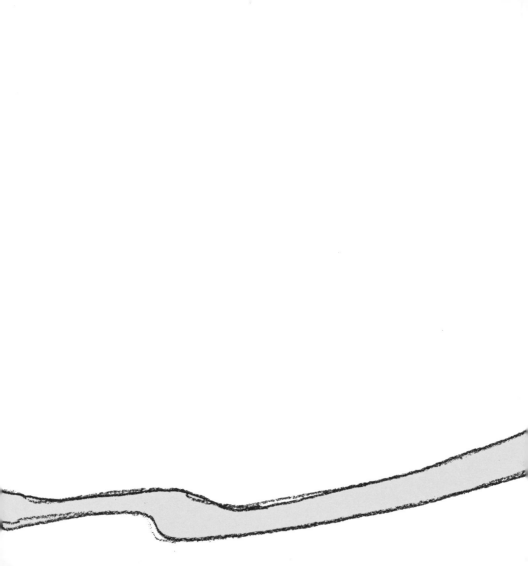

el comienzo de un viaje

una promesa
de meñiques

la chocolatina que habías
olvidado que tenías

cuando te salen dos artículos
de la máquina expendedora

disfrutar de la vista
de los tejados de las casas

hacerse mimos
en la cama

modelar cerámica

que una mariquita
aterrice en tu jersey

una pizza con doble
ración de pepperoni

ir de picnic

golpear una piñata

el bufet libre
de desayuno
de un hotel

hablar de música
con un entendido

dejarte una buena barba

la sencillez

los amigos del colegio

quedarte dormida
con el ronroneo de tu gato

montar
a caballito

una mecedora

que te pasen inesperadamente
a clase business

empezar a hacer
cola justo antes
de que se acumule
la gente

NO PASAR

encontrarse
con una antigua
profesora

un buen desayuno

morirte de ganas de enseñarle
algo a alguien

tomar una bebida tropical

la música que te
traslada al pasado

soplar las velas
de la tarta de cumpleaños

bailar haciendo el tonto

admirar tu ciudad
desde un avión

ser el primero en levantarse

que no haya ni un plato sucio
en el fregadero

dar con las gafas
perfectas

un lápiz con la punta
recién afilada

dar vueltas
en una silla de oficina

que valoren tu trabajo

el aliento
de un cachorro

decir
lo mismo
a la vez

encontrar monedas en el sofá

despertarte y ver que hace
un día fantástico

perseguir luciérnagas

que una risa sea más
graciosa que el propio chiste

ser uno mismo
sin complejos

comer un buen queso apestoso

esquiar

estrenar un boli y usarlo hasta gastar toda la tinta

tener amigos raros

un baño relajante
leyendo un buen libro

desayunar en la cama

un abrazo

una cucharada
de helado

arreglar algo

que los niños te ayuden sin que se lo pidas

ver el amanecer
desde una tabla de surf

cantar a pleno pulmón
en el coche con las
ventanillas bajadas

pasarse notitas en clase

partirse de risa
con una peli mala

hacer manitas sin que nadie nos vea

conocer a alguien a quien
le encanten los mismos libros que a ti

pelar una naranja
de una vez

una guitarra con cuerdas nuevas

una biblioteca

salir estupenda
en una foto de grupo

que alguien
te libre de una araña

columpiarte muy alto

el calor de un gato
acurrucado en tu regazo

los terrones de azúcar

los espejos de feria

dar con la tapa
que encaja

detenerte a oler las flores

ver cómo duerme un bebé

enseñar a tus alumnos

un helado de vainilla
con caramelo

admirar las lucecitas
decorativas

hacer reír
a un bebé

construir una casa en un árbol

hacer una lista de todos
los lugares que quieres visitar

que te perdonen

encender el fuego
en una estufa de leña

reconocer las constelaciones

encontrar las llaves

el yoga

unos achuchones

ver cómo juegan
los niños

el papel de burbujas

aprender un idioma

pedir un deseo y creer
que se cumplirá

los frasquitos de champú
de los hoteles

hablar con tu
madre cuando
estás triste

ir de compras

salir a la aventura
cámara en mano

defender una causa

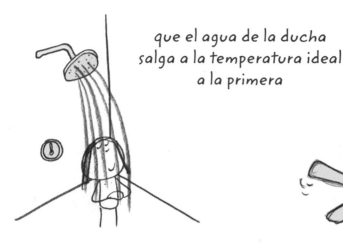

que el agua de la ducha
salga a la temperatura ideal
a la primera

un ventilador de techo

recibir una carta de un amigo

conseguir emparejar
todos los calcetines

bajar montado en un trineo
sobre nieve virgen

enamorarse

despertarte y darte cuenta de que es
fiesta y no tienes que ir a trabajar

juguetear con un
mechón de pelo

ser un incordio
adrede

la libertad de un viaje

quedarte en casa un
viernes por la noche

que un niño dé las gracias
sin que nadie se lo recuerde

salir a coger
moras en un día
soleado

llamar al trabajo
y decir que estás enferma

el primer paso

ese momento en que se te
enciende la bombilla

ver fuegos artificiales

hacer pompas de jabón

ver a un niño comiéndose
un cucurucho de helado

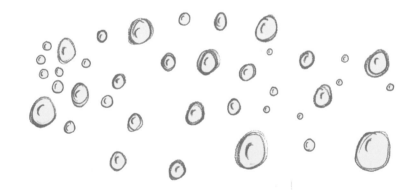

despertarte al lado
del amor de tu vida

un cuenco de fresas
en su punto

desayunar la pizza
que sobró anoche

tomar una copa de vino
en buena compañía

coser a mano

tener a un buen amigo al lado

un chapuzón en compañía

cortar el papel de regalo

sentarse junto
a la ventanilla

dar una vuelta en barca

una sesión de fotos haciendo el tonto

un beso de buenas noches
en la puerta de casa

contemplar cómo
rompen las olas

un buen plato de jamón

ver llegar al
repartidor de
pizza

ganar una partida

llegar al bar justo
para la *happy hour*

pasar el día en el campo

jugar con tus primos

un descuento
inesperado

el viento que precede
a una tormenta de verano

perderte
admirando
un cuadro hermoso

encontrar dinero en
unos vaqueros que hacía
tiempo que no te ponías

ver un paraguas de un color alegre

una celebración con un poco de champán

unas galletas con virutas de chocolate recién horneadas

descubrir una buena canción

nadar como si fueras
una sirena en una piscina

encontrar un enchufe en el aeropuerto

recuperar los datos
de un ordenador estropeado

coger un pollito

oír historias de
cuando tus padres
eran jóvenes

una reunión de antiguos
alumnos del instituto

sentarse bajo un sauce

bajar las ventanillas
para que el viento
te alborote el pelo

ahorrarse las colas

un dueto

el lado frío
de la almohada

asistir a la boda de un amigo

zambullirse en un lago

hacer listas

que el ascensor esté en tu rellano

jugar a los videojuegos

regalarte
flores

hacer un muñeco
de nieve

un bigote con personalidad

un fotomatón

bailar un tango

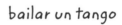

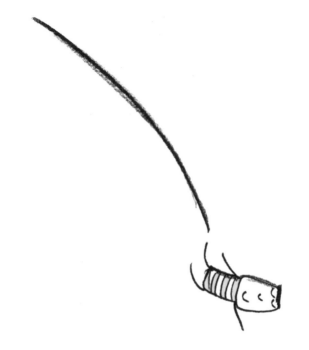

saber que hay alguien
dispuesto a cogerte

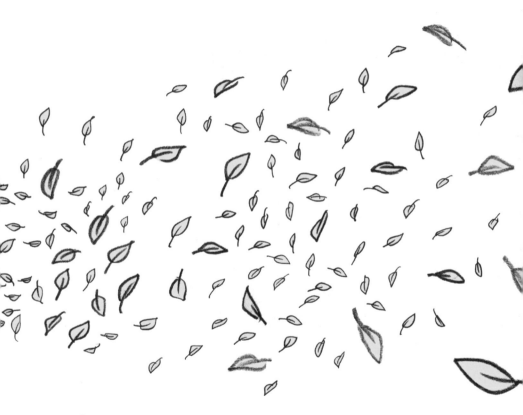

las hojas del otoño

un móvil con la batería
completamente cargada

correr entre
los aspersores

asar dulces en una hoguera

la complicidad

un gran abrazo
de un niño pequeño

que el plato
que hayas pedido resulte
ser el mejor de la mesa

meditar

que una chica
atractiva te guiñe
el ojo

montar en bici

mirar hacia delante, nunca atrás

los platos de mamá

hacer por fin pipí cuando
ya no podías más

conducir en paralelo a un tren
que avanza a toda velocidad

cuando tu plato de sushi favorito se acerca
en el bufet giratorio

observar a la gente

un silencio agradable

acordarte de esa palabra
que ayer no te salía

tener la sensación
de que vas en la
dirección correcta

escribir en un espejo
empañado por el vaho

 reírte por la nariz

 saber usar los palillos chinos

 sumergirte en una novela

saber cambiar una
rueda del coche

 el queso

la bandeja de entrada
del correo vacía

cuando los rayos del sol se cuelan entre las hojas

estar solo en casa

el algodón de azúcar

mirar viejas fotos

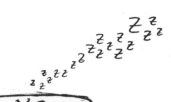

ser tu propio jefe

sentirte bien en brazos
de otra persona

reírte tanto que se te salga
la leche por la nariz

el ruidito de las palomitas
cuando explotan

plantas nuevas

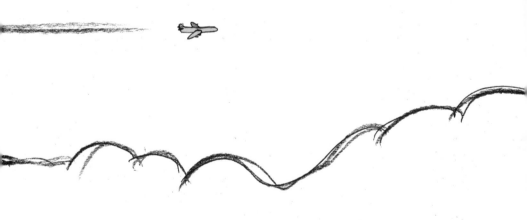

contemplar las nubes desde un avión

pillar por
fin ese
mosquito

patinar en calcetines
por casa

recordar algo muy divertido cuando
reina un silencio absoluto

no hacer nada en todo el día

que un compañero de trabajo acabe
siendo tu amigo

leer novelas simplonas
sin remordimientos

las pecas

sacar a pasear un perro (o dos)

recibir una postal que no esperabas

que un desconocido
te piropee

tener unos compañeros
de piso que acaban siendo
como de la familia

ser valiente

notar que han picado

probar algo nuevo

una nube de vaho
en el aire frío

cuando te encanta
tu trabajo

la tostada que salta cuando está en su punto

un pasamanos largo

borrar la pizarra

ponerse un traje
de neopreno

SALIDAS >

viajar sin niños

las frases tópicas que te
hacen sentir realmente bien

¡TODO VA
A SALIR BIEN!

quedarse a dormir en
casa de una amiga

observar el mundo desde debajo del agua

pasar un buen rato en una cafetería agradable

cuando
alguien te
defiende

echar una siesta
al aire libre

esa maravillosa sensación
de agotamiento tras
una salida dura en bici

volver a casa y que tu perro
te reciba alegre

quedarte dormida en tu habitación
en casa de tus padres

cuando el dentista te dice que tienes
los dientes perfectos

llegar a la gasolinera
apurando la reserva

tomarte la vida
con sentido del humor

encontrar el último par
de calcetines limpios

arrancar una página de un cuaderno
y que te salga perfecta

hacer un lanzamiento perfecto
y encestar en la papelera

¡comer unos crepes!

una vistas al mar

que te regalen
un ramo de flores
inesperadamente

recordar que aún te queda café en la taza

que los niños coman sin quejarse

ponerte la ropa recién
sacada de la secadora

un masaje largo

que en la radio pongan
tu canción favorita

saber que los dos estáis
un poco locos

un perro de punta en blanco

que tu jefe se tome el día libre

no tener deberes

que tu equipo favorito gane
en el último minuto

saber cuál es tu lugar
en el mundo

hacer globos
con el chicle

ser el primero en dejar huellas en la nieve

hacer una estupidez
y reírte de ello
durante semanas

cuando estás enfadado
con alguien y te hace reír

batir tu propio récord

cuando de repente
entiendes la letra
de una canción

los cuentos antes de dormir

llegar a la parada a la vez que el autobús

facturar tus maletas
para ir de vacaciones

llegar a casa y encontrarte la cena
preparada y la mesa puesta

llevar ropa con la que te sientes guapa

chocar esos cinco
con ganas

las cartas manuscritas

disfrutar de las vistas desde un telesilla

salir del túnel de lavado

reírte tanto que se te
escape un poco de pis

la hora de salida
del trabajo

un cruce
de miradas
con alguien que
te gusta

tener listos todos los ingredientes
de una receta

los artistas callejeros
con mucho talento

bajar dando volteretas
por un prado en pendiente

un limón fresco

una melena
rizada rebelde

lograr
por fin que gire
el *hula-hoop*

llevar un tutú

unos pistachos salados

que alguien acuda
en tu rescate cuando
te has dejado las llaves

la confianza en una misma

ver los tráileres mientras
esperas que empiece la película

recargar pilas

abrir ese libro
que leíste en
vacaciones
y que caiga
arena de la
playa

quitar la pegatina
protectora a un aparato
electrónico nuevo

cultivar tu propio huerto

los animales hechos con globos

lograr que todo quepa
en la maleta

comer aceitunas

recibir la primera
llamada para felicitarte
el cumpleaños justo cuando
acaban de dar las doce
de la noche

un descapotable

estar juntos

gritar en la cima
de una montaña
y oír el eco

salir de fiesta una noche con tus amigas

esa bola de nieve perfecta

soñar despierta

cuando tu madre te dice
que el pelo te queda bien

una guerra de agua

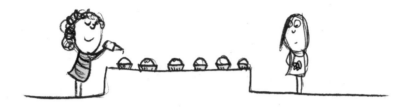

decorar unos cupcakes

llevar el depósito
de gasolina lleno

contemplar las grandes montañas

gozar de buena salud

sentir en la cara
el calor del sol
en un día frío

un vaso de leche con galletas

un recibimiento en el aeropuerto

irse de vacaciones con la familia

una despensa bien surtida

estrenar unas zapatillas
de deporte

dar la bienvenida a
un recién nacido

pintar

zambullirse en una
piscina tras un día largo
y caluroso

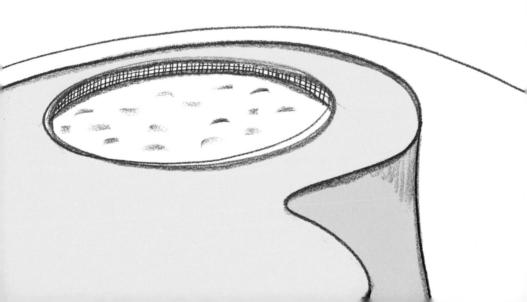

acabar con toda
la ropa del cesto
de planchar

hacer garabatos

bajar por unas escaleras
mecánicas que suben

cuidar del jardín

el pan recién horneado

que te columpien
por los aires

disfrutar de esos buenos ratos
con papá

vivir en tu ciudad favorita

el chocolate negro

tener opciones

una cúpula de nieve

¡la purpurina!

una cita romántica

encontrar
el conjunto ideal

una conversación
seria con una niña
pequeña

ese gustito
que da rascarse
donde te pica

un viaje por carretera

besarse en el coche

un café bien cargado

un nuevo corte de pelo

el primer
sueldo

ver cómo crece una planta

llevar sombrero

el olor a lluvia

escuchar música clásica

una guerra de almohadas

cruzar la meta

tomarse unas margaritas
en la playa

unas toallas recién lavadas

ir a un concierto
de tu grupo favorito

dejar un trabajo que odias

un vaso de agua fría tras
una carrera maratoniana

tu pijama favorito

el olor a hierba recién segada

el verano

un cuchillo de cocina
bien afilado

una copa de vino
junto al fuego

oír a tus seres
queridos reír
a carcajadas

Ja Ja Ja Ja Ja Ja Ja Ja Ja Ja Ja Ja Ja Ja Ja Ja Ja Ja Ja Ja Ja Ja Ja

el aire acondicionado en una
calurosa noche de verano

formar parte del equipo

cocinar con una amiga

ese día que llevas el pelo estupendo

acertar a la primera
una contraseña antigua

que alguien te arrope
mientras duermes

tocar tambores

picar unas patatas fritas
volviendo del supermercado

comerte un espagueti
muy largo de una vez

quitarte las botas después de un larga caminata

irnos a vivir juntos para
fundar un nuevo hogar

cenar
al aire libre

afeitarte tras varios
días sin hacerlo

descubrir un nuevo libro
de tu autor favorito

llenarte los
pulmones de helio
y hablar con voz
de pito

un bufet libre

mandar mensajes desde la
cama, debajo de una manta

el olor a bebé

no tomarte
demasiado en serio

un yoyó

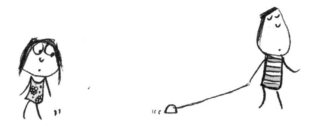

tener una piedra como mascota

hacer punto

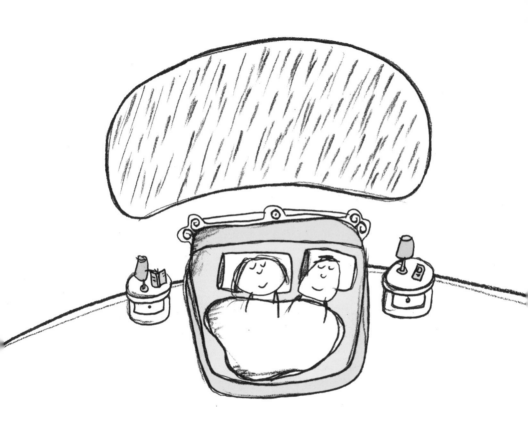

dormirte escuchando el repiqueteo de la lluvia

saltar las olas

cantar en un karaoke

toparte con una amiga de la infancia

ser gemelos

una cama bien hecha

tocar en un grupo de música

ayudar a un
desconocido

un jacuzzi

hacer
manualidades

sentarse alrededor
de un fuego de
campamento

sentir las pataditas de tu bebé

bailar toda la noche

teclear FIN

ese agradable dolor
que se siente tras un duro
entrenamiento

un chocolate caliente
con una montaña
de nata montada

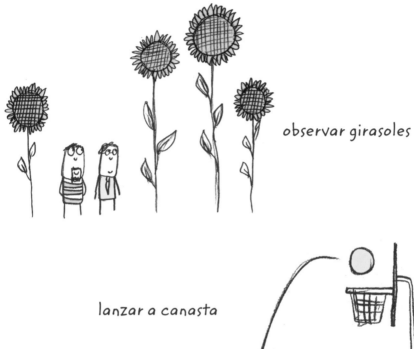

observar girasoles

lanzar a canasta

montarte en una montaña rusa

escuchar una historia
de cuando eras pequeña

ponerte una camiseta
de tu novio que te queda enorme

ver vídeos de gatos en internet

una cama elástica

resguardarse de la lluvia en una tienda de campaña

deshacerse de lo innecesario

un pájaro que se posa cerca
de ti sin haberte visto

escoger unas flores en un mercado

la satisfacción que sientes al acabar una novela

correr cuesta abajo

una mariposa

rebañar la masa de bizcocho de un cuenco

reírte hasta
que te duele la cara

tocar
el ukelele

el último segundo
de tu último examen

descubrir mundos subacuáticos

desahogarte en compañia
de buenos amigos

tomar
definitivamente
una decisión
difícil

una sopa instantánea

chutar un balón

comer cuanto
se te antoja cuando
estás embarazada

compartir la vida
con tu alma gemela

la primera página
de un cuaderno en blanco

cantar en un coro

un pequeño jardín

darte cuenta de que amas a tu estrafalaria familia,
a pesar de sus defectos

el olor a café a primera hora de la mañana

contemplar cómo las nubes
cambian de forma

saltarte la dieta
y aun así perder peso

ser un viajero,
no un turista

un club de lectura

encender bengalas

cenar en familia

preparar un sándwich gigante

tomar unos bagels recién hechos
y con queso de untar

la mera existencia
del *didgeridoo*

un bostezo enorme

hacer la vida más fácil a los demás

charlar con la abuelita

un baño de burbujas
a la luz de las velas

el olor del pelo
recién lavado

encontrarte con un amigo
de toda la vida

el muelle mágico

ver la tele sin anuncios

el aroma de la albahaca

encontrar esa concha perfecta

que las palabras
fluyan al escribir

descubrir que queda
una golosina en una
bolsa que creías vacía

darte cuenta de
que son las 11.11
y pedir un deseo

reservar unas
vacaciones

contemplar cómo caen los copos de nieve

un bolígrafo muy especial

un tarro de pepinillos

vaciar la última caja
de la mudanza

un paseo a primera hora de la mañana

la fantasía de dejarlo todo

un escritorio ordenado

una escapada de fin de semana

mirar a tu chico mientras
hace la cena

una bebida caliente
en un día frío

una rodaja de lima
en una cerveza fría

dormir en diagonal

una conversación estupenda con un desconocido

llevar flores
en el pelo

rememorar
el pasado

ir en bici a la playa

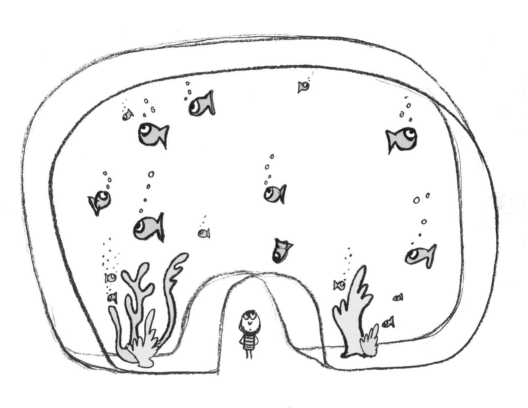

un acuario

un largo paseo con un amigo

montar tu propio negocio

la salsa picante

disfrutar
de los nietos

recibir lo que
pediste por internet

pisar charcos

descansar tras una larga y dura excursión

desenredar el
último nudo

cuando un bebé te agarra
el dedo y no quiere soltarlo

un bistec

gustarte
a ti misma

irte a la cama después
de un día muy largo

jugar bajo una cálida lluvia de
verano

dormir bajo las estrellas

salir del trabajo un viernes

ser la única que se ríe... y no poder parar

darle un gran susto
a alguien

estrenar zapatos

comprarte algo
bonito porque sí

hacer el tonto
con una amiga

una fiesta de disfraces de lo más elaborados

ser padres

una fiesta de pijamas

SÍ

conseguir el trabajo
de tus sueños

dar con los vaqueros perfectos

estar prometida

acabar el crucigrama

una estrella fugaz

bajar una cuesta en bici

un masaje en la cabeza

sacarte ese molesto
trocito de comida
con un palillo

que se te caiga el móvil
y lo cojas al vuelo

tener lavavajillas

llevar las uñas de los pies
perfectamente pintadas

tener hermanas

wifi gratis

encontrar tu talla
o tu número
en las rebajas

marcharse y no mirar atrás

ver a un desconocido sonreír
mientras lee un libro

acabar todas las
cosas pendientes
de una lista

ponerle una tirita a un niño
que se ha hecho un cortecito

recibir una carta
de amor

compartir un paraguas

quitarte los patines

asar unas patatas

una barra
de pan caliente

unos globos

 divisar tu hogar tras una ausencia prolongada

El papel utilizado para la impresión de este libro ha sido fabricado a partir de madera procedente de bosques y plantaciones gestionadas con los más altos estándares ambientales, garantizando una explotación de los recursos sostenible con el medio ambiente y beneficiosa para las personas. Por este motivo, Greenpeace acredita que este libro cumple los requisitos ambientales y sociales necesarios para ser considerado un libro «amigo de los bosques». El proyecto «Libros amigos de los bosques» promueve la conservación y el uso sostenible de los bosques, en especial de los Bosques Primarios, los últimos bosques vírgenes del planeta.

Título original: *Happiness Is... 500 things to be happy about*
Primera edición: septiembre, 2016

© 2014, Lisa Swerling y Ralph Lazar
Todos los derechos reservados. Publicado originalmente en inglés por Chronicle Books LLC, San Francisco, California
Diseñado por Anne Kenady
© 2016, en castellano para todo el mundo excepto Argentina,
Penguin Random House Grupo Editorial, S.A.U.
Travessera de Gràcia, 47-49. 08021 Barcelona
© 2016, Raúl Sastre Letona, por la traducción

Printed in Spain — Impreso en España

ISBN: 978-84-01-01775-9
Depósito legal: B-11.825-2016

Compuesto en La Nueva Edimac, S. L.

Impreso en Limpergraf
Barberà del Vallès (Barcelona)

L017759

Penguin
Random House
Grupo Editorial